BERCHTESGADENER LAND

MIT KINDERN

URLAUB FÜR DIE GANZE FAMILIE

Bianca Tschöcke

BERCHTESGADENER LAND

MIT KINDERN
URLAUB FÜR DIE GANZE
FAMILIE

Impressum

Bibliografische Information der Deutschen Nationalbibliothek:
Die Deutsche Nationalbibliothek verzeichnet diese Publikation in der
Deutschen Nationalbibliografie; detaillierte bibliografische Daten sind
im Internet über http://dnb.dnb.de abrufbar.

Lektorat: Bianca Tschöcke
Korrektorat: Bianca Tschöcke

Herstellung und Verlag: BoD – Books on Demand, Norderstedt

ISBN: 978-3-7557-3039-2

Jeden Tag zahlen wir

etwas ein auf das

Erinnerungs-Konto

unserer Kinder.

Charles R. Swindoll

I

Draußen fühlt man sich
groß und frei wie die große Natur,
die man vor Augen hat.

Johann Wolfgang von Goethe

Vorwort

Kurz zu mir, mein Name ist Bianca, ich bin Mutter von 2 Kindern und arbeite leidenschaftlich als Kindertagespflegerin mit Kindern im Alter von 11 Monaten bis 3 Jahren.

Die schönste Zeit im Jahr ist immer noch die Zeit, wo man in den Urlaub fahren darf.

Aber ein Urlaub mit kleinen Kindern zu planen, ist nicht immer stressfrei.

Man muss sich viele Gedanken um die Unterkunft, Autofahrt, Packliste und dann auch noch um die Urlaubsgestaltung machen.

Mit diesem Ratgeber haben Sie die Besten und vor allem selbst getesteten Ausflugsziele rund um das Berchtesgadener Land mit Kindern an der Hand.

Keine langen Fahrten vom Urlaubsort entfernt, Ausflugsziele, die sowohl den Kindern, als auch den Eltern Spaß und Erholung bieten, dazu auch noch den Geldbeutel schonen.

Denn schließlich wollen sich ja alle erholen. Und alle sollen auf ihre Kosten kommen. Ferien sind ja bekanntlich die schönste Zeit im ganzen Jahr.

Ich habe Ihnen viele nützliche Links von Webseiten und passenden Preisen beigefügt, wo sie schnell weitere wertvolle Informationen erhalten und vor allem die aktuellen Preise und Öffnungszeiten. Diese können sich ja bekanntlich auch mal ändern ;-)

Aber nicht nur das, ich nenne Ihnen die Vor- und Nachteile für eine Ferienwohnung oder ein Hotelzimmer.

Dazu gibt es noch viele nützliche Tipps rund um die Autofahrt, sei es Pausenspiele, kinderfreundliche Rastplätze oder auch Pausensnacks.

Das Berchtesgadener Land bieten für jeden die passende Erholung, sei es allein die Stille, die Berge, die frische Luft, aber auch Ausflüge, Spaß, Spiel und kühles Nass.

Daher habe ich mich entschieden, diesen Ratgeber zu schreiben, um genügend Abwechslung zum typischen Wanderurlaub zu bieten.

Das Berchtesgadener Land hat noch so viel mehr zu bieten, als nur wandern.

Denn Berge bedeutet nicht immer nur wandern.

Alleine die Kulisse vom Watzmann, die Reiteralm und der Hochkalter sind einfach nur atemberaubend.

Wir haben vor unserem Urlaub immer schon die Kinder auch auf den Urlaub vorbeireitet. Dieses geht am besten mit Büchern.

Ein tolles Buch um Kinder ab 2 Jahren schon auf den Urlaub in den Bergen vorzubereiten ist das Buch

In den Bergen (Wieso? Weshalb? Warum?)

Dort kann man sich schon vorher ein Bild machen, von dem, was einem im Urlaub alles erwartet und man kann die Kinder wunderschön auf den Urlaub vorbereiten. Somit ist die Vorfreude noch größer.

Natürlich finden Sie hier im Ratgeber auch geeignete Wanderrouten mit Kindern, die auch für den Kinderwagen geeignet sind, passende Informationen zu weiteren Wandertouren habe ich Ihnen noch beigefügt, diese haben wir aber nicht alle selbst getestet.

Dazu habe ich Ihnen passende Empfehlungen für geeignete Rückentragen, Reisehochstühle und weitere nützliche Dinge hinterlegt, so dass Sie unbeschwert in die schönste Zeit des Jahres starten können.

Mit diesem Ratgeber haben Sie sich viel Zeit gespart, sich alles zusammen zu suchen, was Sie für Ihren Traumurlaub brauchen.

Alle nützlichen Tipps und Tricks werden Ihnen hier verraten.

Für uns ist das Berchtesgadener Land schon zur zweiten Heimat geworden, vielleicht ergeht es Ihnen so wie uns und Sie sind genauso begeistert, wie wir es all die Jahre schon sind.

Kostenloser Link für Packliste und Reiseapotheke für Kinder und Babys

Im Netz bin ich auf eine Seite gestoßen, die mir wirklich gut gefällt, dort gibt es auch eine Packliste bzw. Checkliste zum kostenlosen runterladen.

Schaut euch doch einfach mal da um, dann steht einem entspannten Urlaub nichts mehr im Weg.

www.littletravelsociety.de/checkliste-urlaub-mit-kind

Passend dazu gibt es dort auch eine Reiseapotheke zum kostenlosen runterladen für Babys und Kinder, somit sollte man auch in der Hinsicht gut vorbereitet sein.

www.littletravelsociety.de/reiseapotheke-baby-kleinkind-kind

Unterkunft

Wir haben uns meistens eine Ferienwohnung gesucht, somit waren wir unabhängig von irgendwelchen Essenszeiten und konnten unserem eigenen Rhythmus nachgehen. Außerdem ist diese kostengünstiger als ein Hotel.

Nachteil ist aber, dass man sich selber verpflegen muss.

Aber in und um Berchtesgarden sind alle bekannten Supermärkte wie Lidl, Aldi und Edeka bestens vertreten, und somit stellte das für uns kein großes Problem dar.

Für unterwegs haben wir uns oft kleine Lunchpaket gepackt. Viele Ferienwohnungen bieten einen Brötchen Service an, dann hat man morgens schon frische warme Brötchen vom Bäcker vor der Türe liegen.

Kleiner Tipp, packt euch von zu Hause ein paar Plastik Behälter ein, damit ihr für eure Lunchpaket immer etwas zum Einpacken habt, somit können wir alle auch etwas für die Umwelt tun und Plastik Tüten sparen.

Abends haben wir uns oft einfach schnell was selber gekocht, oder sind auch mal essen gegangen. Je nachdem was wir am Tag so unternommen haben.

Vielen Restaurants sind sehr kinderlieb und es gibt Spielecken, wo die Kinder während der Zeit des Wartens sich beschäftigen können, und die Eltern sich einfach mal gemütlich zusammensetzen können, ohne ständig die Kinder zu beschäftigen.

Für Kinder ist so eine Fahrt in den Urlaub auch immer mit großem Stress verbunden, denn auf Reisen werden alle bekannten Routinen auf den Kopf gestellt.

Dazu kommt noch die andere Umgebung, anderer Schlafrhythmus, das alles ist gerade für kleine Kinder nicht immer einfach zu verarbeiten.

Daher gebt den Kindern etwas Zeit, sich an die neue Umgebung zu gewöhnen, überfordert sie nicht mit zu vielen Reizen.

Wir haben uns für die Ferienwohnung entschieden, um abends, wenn die Kinder im Bett waren, noch ein wenig das Panorama auf dem Balkon zu genießen, um uns gemütlich im Wohnzimmer hinzusetzen und was spielen, reden oder einfach nur mal was lesen konnten. Denn schließlich ist der Urlaub ja auch dafür da, Zeit für sich zu haben.

Dieses ist in einem Hotelzimmer nicht immer so möglich, da oft alle in einem Zimmer schlafen.

Genauso haben wir immer geschaut, das möglich viel vor Ort ist, und wir nicht so viel mitnehmen müssen. Gerade Handtücher, Bettwäsche, Reisebett und ein Töpfchen machen sich deutlich in der Gepäckmenge bemerkbar. Oft ist in den Ferienwohnungen schon einiges an Spielzeug vorhanden, so dass man da auch schon Abstriche machen kann.

In Berchtesgarden selber gibt es die Drogerie Müller, dort könnt ihr auch Windeln, Babynahrung, Feuchttücher etc. nachkaufen. Somit müsst ihr nicht den ganzen Vorrat für den Urlaub mitnehmen und könnt noch einiges an Gepäck sparen 😃

Viele Ferienwohnungen haben auch extra für Kinder im Außenbereich einiges zu bieten, von Rutsche über Schaukel, von Trampolin über Fahrzeuge dazu Sandkasten inclusive Sandsachen.

Ganz zu schweigen von den vielen Tieren, die oft mit dort leben.

Was sich als sehr hilfreich gezeigt hat, war ein mobiler aufblasbare Kindersitz.

Auch wenn wir essen gegangen sind, hatten wir den oft dabei. Er nimmt nicht viel Platz weg und ist schnell Einsatzbereit.

Denn manchmal gibt es nur 2 Hochstühle und die waren dann schon besetzt.

Hier mal eine gute Adresse, wo ihr euch einfach mal nach einer passenden Ferienwohnung umschauen könnt.

www.berchtesgaden-hotels-ferienwohnungen.com/ferienwohnung-berchtesgaden

Wenn ihr ein Kinderhotel buchen wollt, würde ich euch empfehlen im Reisebüro nach geeigneten Hotels zu schauen

oder über

www.booking.com

Achtet am besten auf die Bewertungen von anderen im Internet, da kann man sich schon gut ein Bild darüber machen.

Die Autofahrt

Was ihr auf jeden Fall immer im Auto bei langen Reisen dabeihaben solltet sind Küchenrolle und einen Müllbehälter, oder ihr nehmt einfach die Mülltüten von den Kosmetikeimern. Wer Plastik sparen möchte, kann auch einfach eine 1€ Vorratsdose aus dem Billigmarkt kaufen und in die Seite von der Autotür stecken. Feuchttücher eignen sich auch prima für die Fahrt, da kann man mal schnell klebrige Finger mit abwischen.

Was bei uns nie fehlen durfte, waren die Spucktüten im Auto, immer schnell griffbereit, da die Ankündigung leider immer sehr kurzfristig kam.

Wir sind meistens morgens aus Köln gegen 4 Uhr losgefahren, somit hatten wir gute Chancen, dass die Kinder im Auto noch ein wenig weiterschlafen. Vergesst nicht eine Kuscheldecke einzupacken.

Je nach Verkehr haben wir es geschafft, die ersten 200km entspannt durchzukommen, ohne eine Pause machen zu müssen.

Dann gab es die erste größere Pause. Da empfehle ich euch einen Autohof aufzusuchen, dort ist es nicht so überfüllt, und die Kleinen können dort auch entspannter spielen. Autohöfe sind meistens nur 1km von der Autobahn entfernt und somit schnell zu erreichen und vor allem ist es dort auch günstiger als auf den Raststätten an den Autobahnen direkt.

Kinderfreundliche Raststätten an Autobahnen

Hier mal ein guter Link, wo ihr viele Infos erhaltet. Ihr könnt dort schon vorher schauen, wo auf eurer Route die kinderfreundlichen Autohöfe oder Rastplätze sind und dementsprechend die Pausen planen.

www.adac.de/reise-freizeit/ratgeber/reisen-mit-kindern/kinderfreundliche-raststaetten/

Geht eure Pausen individuell an, wenn ihr merkt die Kinder werden unruhig, dann fahrt auf einen kleinen Rastplatz, macht ein paar Bewegungsspiele, lauft zusammen, oder nehmt ein Springseil oder Gummitwist mit.

Das nimmt nicht viel Platz weg und passt auch in die kleinste Tasche, vielleicht noch ein Stück Kreide dazu und ihr könnt das altbekannte Hüpfe Kästchen, oder Himmel und Hölle auch genannt, aufmalen. Wichtig ist die Bewegung. Lasst die Kinder hüpfen, springen und laufen.

Danach kann die Fahrt entspannter weitergehen.

Reise Snacks

Wer mit Kindern im Auto verreist, sollte immer ein paar Snacks griffbereit haben, natürlich kommt es da auch ein wenig auf das Alter des Kindes an.

Jeder kennt sein Kind am besten und weiß, was es schon gut essen kann und was nicht.

Aber machen wir uns nichts vor, wir kommen nicht drum herum, dass unser Auto nach der Autofahrt mal kurz durchgesaugt werden muss ;-)

Worauf ihr achten solltet, dass euer Reiseproviant nicht nur aus Süßigkeiten und Fastfood besteht.

Denn diese können zu Überreizung und auch zu extremer Übelkeit führen, beides nicht unbedingt förderlich für eine lange Autofahrt.

Wir haben immer gerne die Bento Boxen genommen, diese haben verschiedene Fächer und sind auslaufsicher.

Gefüllt wurden diese dann mit Rohkost, je nach Vorlieben des Kindes, gerne in der Mitte auch etwas Quark zum Dippen.

Trauben und Blaubeeren eigenen sich auch hervorragend, matschen auch nicht so. Bei kleinen

Kindern bitte einmal durchschneiden, wegen der Verschluck Gefahr.

Je nach Alter des Kindes kann man auch gut auf Nüsse und Trockenfrüchte zurückgreifen.

Da natürlich auch wieder das Alter des Kindes beachten, vor allem Erdnüsse eigenen sich nicht gut, da diese genau die Größe der Luftröhre haben und somit zur Erstickung führen können.

Salzbrezeln und Cracker eigenen sich auch gut und Trockenkekse sind natürlich auch gerne eine willkommene Abwechslung.

Ansonsten waren auch immer die beliebten Quetschies mit an Bord und ein paar Müsliriegel.

Zu trinken haben wir mit Absicht während den Fahrten immer nur Wasser mitgenommen, wenn dann mal was ausläuft, ist es nicht so ein Drama und schnell wieder aufgewischt.

Hilfreich war für uns auch immer ein <u>Rücksitz Organizer</u>, da konnten wir dann die Flasche und ein paar Bücher reinstecken und auch später das Tablet mit drauf stellen, was bei langen Fahrten auch mal nützlich sein kann ;-)

Spielideen während der Fahrt

Die Fahrt in den Urlaub kann definitiv lang werden, vor allem, wenn man im Stau steht. Da heißt es die Nerven zu bewahren.

Ich stelle euch hier mal ein paar unserer Lieblingsspiele für die Autofahrt vor.

Natürlich kommt es da auch wieder auf das Alter des Kindes an und den Vorlieben.

Was bei uns wirklich hoch im Kurs stand, war die Zaubertafel, damit konnte viel gemalt, gestempelt und kreiert werden, ohne dass die Stifte runterfallen, oder das ganze Auto bemalt wurde.

Gerne bespielt wurden bei uns auch immer das Activity Board, es fördert die Feinmotorik für Kleinkinder und sie haben sich immer gerne und lange damit beschäftigt.

Dieses ließ sich immer gut unter dem Sitz verstauen und konnte dann bei Bedarf einfach hervorgezogen werden.

Wenn ihr Spiele von zu Hause mitnehmt, dann lasst sie ein paar Wochen vor dem Urlaub einfach mal verschwinden, dann ist die

Wiedersehensfreude deutlich höher und das Spielvergnügen hält länger an.

Was natürlich auf keinem Falle fehlen sollte, sind Hörspiele und Kinderlieder, aber sind wir mal ehrlich, nach einigen Stunden Autofahrt sehnt man sich auch mal nach was Anderem als nur Rolf Zuckowski oder Benjamin Blümchen.

Dafür hatten wir dann immer auf das Tablet vorher Musik und Hörspiele geladen und dann konnten unsere Kinder im Auto mit Kopfhörer etwas hören.

Je nach Alter durften dann auch ein paar Kinderserien nicht fehlen oder vielleicht auch mal ein Film.

Habt im Hinterkopf immer noch ein paar Spiele, wie z.B.

Ich sehe was, was du nicht siehst....

Ich packe meinen Koffer....

Oder ihr singt selber Kinderlieder oder lasst euch eine Geschichte einfallen.

Zum Schluss dürfen natürlich die absoluten Lieblingsspielsachen nicht fehlen.

Wir hatten in der Mitte immer Platz, dort haben wir immer eine <u>Utensilien Tasche</u> für Spielzeug hingestellt, wo sich jeder dran bedienen konnte.

Und dann kann die Fahrt auch entspannt los gehen mit hoffentlich wenig Stau.

Gästekarte und Kurbeitrag

Im Berchtesgadener Land muss Kurtaxe bezahlt werden, diese errichtet ihr immer vor Ort bei eurem Gastgeber.

Dort erhaltet ihr auch eure Gästekarte.

Wichtig ist immer seine Gästekarte mitzuführen.

Damit lässt sich, gerade beim Parken, viel Geld sparen. Die Gästekarte bietet für PKW-Benutzer 50% Rabatt auf Ausflugsparkplätzen an.

Weiterer Vorteil ist, man erhält bei vielen Ausflugszielen und Sehenswürdigkeiten Ermäßigungen

Mit der Gästekarte fahrt ihr nahezu auf allen Bus- und Bahnlinien im Bereich der Region Berchtesgaden-Königssee kostenlos.

Hier mal ein Link, wo ihr sehen könnt, wie hoch der Kurbeitrag derzeit ist, und wo sich noch überall Einsparungen mit der Gästekarte lohnen.

www.koenigssee.de/gaestekarte-kurtaxe

Nun kommen wir aber endlich mal zu den
Ausflugszielen rund um Berchtesgaden

Bootsausflug auf dem Königssee

Der Königssee liegt in der Gemeinde Schönau im
Berchtesgadener Land.

Direkt vor Ort ist ein Parkplatz vorhanden.

Parkplatz Königssee und Jennerbahn
Seestraße 3
83471 Schönau a. Königssee

Gästekarte nicht vergessen !!!

Der Königssee ist ein Gebirgssee. Er ist eingebettet zwischen dem Watzmann und dem Hagengebirge.

Es lohnt sich hier eine Tour mit dem Boot zu buchen von Königssee zu Salet hin und zurück.

Ihr könnt dann an jeder Station aussteigen

Anbei mal der passende Link, wo ihr euch auch online Tickets reservieren könnt, denn dieser schöne Ausflug ist bei vielen sehr beliebt und so ist es dort immer sehr voll.

www.seenschifffahrt.de

Auf einem Elektro-Fahrgastboot fährt man hinüber zur einzigartigen Wallfahrtskirche St. Bartholomä.

Diese hat die markanten Zwiebeltürmchen und liegt zusammen mit dem ehemaligen Jagdschloss der bayerischen Könige an einem der schönsten Plätze in Bayern.

Dort könnt ihr auch einen Rundweg (Beginn hinter der Gaststätte) entlang des Seeufers problemlos mit dem Kinderwagen laufen. Der Weg ist gut geschottert und eben.

Während der Fahrt lässt es sich der Bootsführer nicht nehmen und packt seine Trompete aus um den Widerhall des Trompeten-Echos vorzuführen. Dafür erfreut er sich gerne auch über ein kleines Trinkgeld beim Aussteigen.

Auf dem Boot kann man ohne Probleme Kinderwagen mitnehmen, wer aber vor hat bis zur Endstation nach Salet zu fahren, dem würde ich empfehlen lieber mit einer Rückentrage den Weg aufzusuchen.

Ein kurzer Spaziergang vom Bootssteg aus führt direkt zum Obersee.

Der Weg vom Bootsanleger zum Obersee ist auch mit Kinderwagen zu meistern.

Wir waren immer froh, eine Rückentrage dabei zu haben, und unsere Tochter hat sie auch sehr geliebt.

Somit waren wir immer unabhängig und konnten jeden Weg meistern.

Und selbst das Mittagsschläfchen, hat sie geliebt, dort zu nutzen. Man wurde ja auch immer schön hin und her geschaukelt 😉

Wanderung zur Fischunkelalm

Der Obersee ist vor allem für seine Spiegelung an der Wasseroberfläche bekannt.

Durch seine geschützte Lage und da keine Boote auf dem See verkehren ist die Wasseroberfläche meist vollkommen ruhig und die Spiegelungen im Obersee sind extrem deutlich.

Von dort aus kann man schon die Fischunkelalm sehen, diese ist aber nicht mit dem Kinderwagen zu erreichen.

Der Weg von dort zur Fischunkelalm führt am Ufer des Obersees entlang. Stellenweise ist der

Weg schmal und steil. Aber an der Felswand ist der Wanderweg durch ein Geländer gesichert.

Distanz: 2,7 Kilometer
Höhenmeter: 75
Dauer: 1 Stunde

Im Sommer ist die Alm bewirtschaftet, es lohnt sich also eine Pause dort einzuplanen.

Von der dahinter aufsteigenden 470 m hohen Röthwand stürzt der höchste Wasserfall Deutschlands ab, der Röthbach-Wasserfall.

Aus Gründen des Naturschutzes ist dieser aber für Touristen derzeit gesperrt und auch nicht geeignet für Wanderungen mit Kindern.

Vergesst nicht, vorher zu schauen, wann das letzte Boot von dort ablegt, ansonsten habt ihr ein großes Problem. Zu Fuß kommt ihr da nicht weg.

Naturschwimmbad Aschauer Weiher

Das Naturbad Aschauer Weiher liegt in Bischofswiesen

Parkplatz

Aschauerweiherstraße 85

83483 Bischofswiesen

Der kostenlose Parkplatz am Freibad ist zugleich auch für den Märchenpfad geeignet.

Herzstück des modernen Freizeitbades ist
ein großzügiger Schwimmteich, in dem auch
Seerosen vorhanden sind, der sich wie eine Lagune
harmonisch in die zauberhafte Landschaft rund
um den Watzmann einfügt.

Er kommt ohne Chemikalien aus, sondern die
Selbstreinigungsmechanismen natürlicher
Gewässer sorgen für die hohe Wasserqualität.

Diese ist ideal für Kleinkinder und Allergiker.

Hier ist für jeden was dabei, egal ob Hängebrücke, Kinderrutsche, Sprungfelsen oder auch Kleinkinderbecken. Hier kommt keine Langeweile auf und man kann einen traumhaft schönen Tag in einer traumhaften Umgebung genießen.

Es gibt genügend Sonnenschirme und Holzliegeflächen rund um die Wasserfläche.

Ein Kiosk und ein leckeres Restaurant sind auch vorhanden.

www.bischofswiesen.de/sommerurlaub-berchtesgadenerland/freibad-naturbad-aschauerweiher.htm

Märchenpfad Bischofswiesen

Wer nur einen halben Tag im Schwimmbad einplanen möchte, für den ist der Bischofswiesener Märchenpfad eine gelungene Ergänzung.

Auf den Spuren von Dornröschen und Aschenputtel können die Kinder verschiedene Rätsel lösen.

Diese Wanderung ist ca. 2,5km lang und wird von verschiedenen Märchenfiguren gesäumt. Ein sehr entspannter Weg ohne starke Steigung, gemütlich zu laufen, auch mit dem Kinderwagen.

Watzmann Therme

Auch im schönen Berchtesgadener Land kann man mal Pech haben mit dem Wetter, dann ist ein Besuch in der Watzmann Therme eine gelungene Abwechslung, wo keine Langeweile aufkommt.

Hier die Adresse

Bergwerkstraße 54
83471 Berchtesgaden

Der Parkplatz vor Ort ist kostenlos!

Hier kommt jeder auf seine Kosten.

Familien mit kleineren Kindern finden ihre eigene Wasserwelt im farbenfrohen Eltern-Kind-Bereich. Dieser lässt die Kinderherzen höherschlagen.

Dort befinden sich auch Spielgeräte, Trockenspielfläche und ein eigenes Kinder WC mit Wickeltisch. Gemeinsam im Strömungskanal sich treiben lassen oder mit den Größeren Kindern

sich im Spaß- und Erlebnisbecken vergnügen,
die 80-Meter Blackhole-Rutsche durchsausen oder
Bahnen im Schwimm- und Sportbecken ziehen,
das ist ein Spaß Faktor für die ganze Familie.

Die Watzmann Therme verfügt auch über einen
großen Natursole Bereich.

Dieser ist sowohl im Innen- als auch im
Außenbecken mit 2-3 prozentiger Original
Berchtesgadener Natursohle angereichert. Diese
verstärkt den natürlichen Auftrieb im Wasser,
dadurch werden der Körper und die Gelenke
entlastet.

Die Natursole wird aus dem ältesten aktiven
Salzbergwerk Deutschlands bezogen, das nur
wenige Meter von der Watzmann Therme entfernt
ist.

Auch ein schöner Gastronomie Bereich, mit
familienfreundlichen Preisen ist in der Therme
vorhanden.

Die Watzmann Therme ist das ganze Jahr
geöffnet.

Sie bietet auch viele Kombi Tickets und
Familienangebote an.

Schaut einfach mal selber auf dem Link und lasst
euch begeistern

www.watzmann-therme.de

Hochschwarzeck und Hirscheck Sesselbahn

Das Familiengebiet Hochschwarzeck bietet Erlebnisse für die ganze Familie.

Adresse

Talstation Hirschecksesselbahn:

Schwarzecker Straße 80

D-83486 Ramsau

Vor Ort ist auch direkt ein großer, kostenloser Parkplatz.

Wir sind immer erst mit der Sesselbahn Hirscheck hochgefahren und haben dann den atemberaubenden Panaromablick auf die Berchtesgadener Alpen genossen.

Bei der Sesselbahn Hirscheck gibt es auch schöne Familienangebote.

Oben gibt es auch die Berggaststätte Hirschkaser und einen kleinen Spielplatz, wo man sich nett die Zeit vertreiben kann.

Die Berggaststätte Hirschkaser veranstaltet gerade in den Sommermonaten Abendfahrten, Grillabende und zünftige Blasmusikveranstaltungen. Vielleicht lohnt es sich, dort vorher mal auf die Homepage zu schauen.

www.hochschwarzeck.info/de

Vergesst nicht immer eine Jacke mit zu nehmen, oben auf dem Berg ist es immer deutlich kühler als unten.

Wir sind meistens mit der Hirscheckbahn raufgefahren und dann den Toten Mann Weg gelaufen. Dann kommt ihr automatisch wieder beim Parkplatz raus.

Der Weg ist sehr angenehm zu laufen und geht auch gut mit Kinderwagen.

Toter Mann Weg

Grandioser Rundblick, traumhafte Aussicht ins Wimbachtal.

Von der Hirscheckbahn-Bergstation (über Toter Mann-Aussichtspunkt) zum Hochschwarzeckparkplatz. Ca. 3,5 km; Höhendifferenz 360 Meter; Gehzeit: 1 Stunde

Aber hier seht ihr noch viel mehr tolle Familien Wanderwege im Hochschwarzeck. Schaut einfach mal rein.

www.hochschwarzeck.info/de/sommererlebnis/wanderkarte

Noch ein Zusatztipp:

Wenn ihr mit dem Auto vom Parkplatz aus Richtung Ramsau fahrt, dann kommt ihr automatisch am Zipfhäusl vorbei.

www.zipfhausl.de

Das familiengeführte Berggasthaus Zipfhäusl liegt auf über 900 Höhenmetern im Bergsteigerdorf Ramsau. Er bietet einen wunderschönen Blick auf die umliegende Bergwelt. Wir haben dort sehr gerne gegessen, sehr kinderfreundlich, schöne Aussicht, einfach mal entspannen.

Von dort geht auch der Panorama Soleleitungsweg lang.

Vielleicht auch eine schöne Alternative

Soleleitungsweg (Ost):

Leichter, ebener Fußweg, der Söldenköpfl und Zipflhäusl miteinander verbindet.

Ca. 6,5 km. Höhendifferenz: 50 m, Gehzeit: 1,5 Stunden

Soleleitungsweg (West):

Einfacher, ebener Wanderweg von der Soleleitung über Zipfhäusl zur Alpenstraße mit Blick auf das Taubenseegebiet.

Ca. 5,5 km. Höhendifferenz: 25 m, Gehzeit: 1,25 Stunden

Hintersee

Einer der schönsten Seen im Berchtesgadener Land ist für mich immer noch der Hintersee. Er befindet sich im Nationalpark Berchtesgaden.

Er ist das Idealbild eines romantischen Bergsees.

Er ist umgeben von steil aufragenden Berggipfeln, Hügeln und dem bekannten Zauberwald.

Um den Hintersee herum kann man sehr gut auf mit kleinen Kindern laufen, auch mit Kinderwagen ist das überhaupt kein Problem.

Die Umrundung dauert nur rund 1 Stunde und es sind ca. 2,5km.

Der Hintersee ist und war immer schon ein beliebtes Motiv berühmter Maler und Fotografen.

Rund um den See gibt es auch einige Ausflugslokale, wo man einkehren kann und sich eine leckere Auszeit nehmen kann.

Für uns war aber auch immer eine gemütliche Bootsfahrt auf dem Hintersee ein Highlight. Sei es ein Ruder- oder ein Tretboot, das war je nach Vorlieben der Kinder unterschiedlich.

Schwimmen kann man im See allerdings nicht. Bei einer maximalen Tiefe von 18 Metern hat der See

in den Sommermonaten nur eine
Maximaltemperatur von 16°C

Anfahrt Parkplatz

Parkplatz Zauberwald

Hinterseer Str. 104

83486 Ramsau bei Berchtesgaden

Gästekarte nicht vergessen !

Zauberwald

Im Zauberwald am Hintersee ist die Idee eines urwüchsigen Bergwaldes Wirklichkeit geworden.

Vor Jahrtausenden durch einen dramatischen Felssturz entstanden, hat die Natur aus riesigen Felsbrocken ein wildromantisches Ideal einer Landschaft geformt.

Durch diesen Felssturz entstand der Hintersee, das abfließende Wasser sucht sich seitdem seinen Weg durch den Zauberwald und schliff sich durch die Gesteinsbrocken tief in die Erde.

Im Zauberwald findet man einen gut befestigten Spazier- und Wanderweg. Der Wald Pfad ist allerdings für den Kinderwagen nicht geeignet, da sollte man ansonsten die Rückentrage mitnehmen.

An jeder Ecke gibt es Bänke, die zum Verweilen einladen. Der Weg ist einfach und angenehm zu laufen. Allerdings sollte festes Schuhwerk schon getragen werden.

An vielen Stellen können die Kinder nah ans Wasser kommen und Stöcke und Steine treiben lassen. Auch gibt es durch die vielen Felsen immer eine Möglichkeit zu klettern und seinen Bewegungsdrang freien Lauf zu lassen.

Bei dem Spaziergang sollte man sich nicht das Wirtshaus im Zauberwald entgehen lassen.

Ein Kinderparadies inmitten von abenteuerlichen Pfaden und Geheimwegen.

Das Gästehaus ist sehr kinderfreundlich. Man findet dort einen schönen Spielplatz mit Ritterburg für die Kinder.

Das Wirtshaus ist von Mai bis Oktober geöffnet

Einfach vorher mal auf die Webseite schauen, bezüglich der Öffnungszeiten

www.ramsau-zauberwald.de

Sommerrodelbahn beim Alpengasthof Hochlenzer

Eine schöne Idee ist auch ein Ausflug zur Sommerrodelbahn beim Alpengasthof Hochlenzer.

Auf einer Länge von über 600m mit vollautomatischem Aufzug haben alle Kinder über 3 Jahre ihren Spaß.

Kinder unter 3 Jahren dürfen leider nicht mitgenommen werden.

Ab 8 Jahren dürfen die Kinder auch alleine fahren, unter 6 Jahren fahren sie kostenfrei als Mitfahrer von älteren Kindern oder Erwachsenen.

Wichtig zu wissen ist, dass die Bahn bei Nässe gesperrt ist, daher immer aufs Wetter schauen ;-)

Die Öffnungszeiten sind von ca. April bis Saisonende.

Die Preise sind dort wirklich überschaubar, dafür lohnt es sich dort hinzufahren

Und während die Kinder ihren Spaß haben, können die Erwachsenen bei herrlichem Panorama, die freie Zeit genießen.

Der Alpengasthof bietet einen gutbürgerlichen Mittags- und Abendtisch.

Dazu wird leckerer Kaffee und Kuchenspezialitäten angeboten.

Im Alpengasthof ist auch eine Kinderspielecke vorhanden.

Bei schönem Wetter lohnt es sich, sich auf die Sonnenterasse zu setzen und den herrlichen Ausblick auf die Berchtesgadener Bergwelt zu genießen.

Vor Ort sind kostenlose Parkplätze vorhanden.

Alpengasthof Hochlenzer
Scharitzkehlstraße 6
83471 Berchtesgaden

www.hochlenzer.de

Jenner

Der Jenner ist ein 1874m hoher Berg der zu den Berchtesgadener Alpen gehört.

Er ist einer der wenigen Berge in der Region, die mit einer Seilbahn erschlossen wurden.

Die Preise für die Seilbahn sind zwar nicht so günstig, aber es lohnt sich auf jeden Fall dort hochzufahren.

www.jennerbahn.de

Wir sind meistens bis zur Mittelstation mit dem Auto gefahren.

Von dort aus sind wir dann ein kleines Stück auf dem Forstweg Richtung Mittelstation der Jennerbahn gelaufen.

Somit hatten wir auch die halben Stecke nur für die Seilbahn zu zahlen.

Hier mal die Anfahrtsdaten für den Parkplatz an der Mittelstation

Wanderparkplatz Hinterbrand

Scharitzkehlstraße

83471 Schönau am Königssee

Die Fahrt mit der Seilbahn ist für alle immer ein Highlight. Die neuste Technik gibt auch ein sehr sicheres Gefühl, da die Bahn 2018/19 komplett neu gebaut wurde und die alte ersetzt hat.

Oben angekommen hat man einen unvergleichlichen Ausblick auf den Königssee und den Watzmann.

Es gibt eine tolle Aussichtsplattform auf denen man den kompletten Ausblick über die Bergwelt hat.

Von der Jenner Bergstation führ ein gut ausgebauter Wanderweg hinauf bis zum Gipfelkreuz.

Dieses sind nur ca. 15 Minuten Fußmarsch.

An der Bergstation lohnt es sich auch ein Abstecher in die Jenneralm.

Stärken Sie sich, für den bevorstehenden Abstieg.

Die Jenneralm befindet sich direkt neben der Seilbahn und ist barrierefrei zu erreichen.

Wir sind immer von der Bergstation runter gelaufen. Dieses geht allerdings nicht mit dem Kinderwagen.

Gerade die ersten Höhenmeter sind sehr steil und es führt nur ein schmaler Wanderweg entlang.

Wenn man das erste Stück geschafft hat, ist es gar nicht mehr so schlimm.

Unterwegs kann man wirklich zur Ruhe kommen, man hört schon von weitem die Kuhglocken und irgendwann tauchen die Kühe dann auch mal entspannt auf.

Das ist die Route die man läuft.

Königsbachweg
Bergstation – Königsberg – Königsbachalm –
Mittelstation
(Alternativ: Abstieg bis Talstation möglich)
Strecke: 6,5 km | Dauer: 2,5 Std. bis Mittelstation

Es ist eine schöne Strecke, die man gut laufen
kann, da es aber immer nur bergab geht, kann man
sich schonmal auf Muskelkater am nächsten Tag
einstellen.

Ich kam teilweise die Treppen aus unserer
Ferienwohnung nicht mehr runter, aber es hat sich
dafür auch wirklich gelohnt. 😉

Unser Ziel war immer das Dr. Hugo Beck Haus.

Dieses liegt noch ca. 20 Minuten vom Hiterbrand Parkplatz entfernt.

Aber wenn wir dort angekommen waren, haben wir uns immer leckere Beckhaus-Schmarrn gegonnt.

www.hugobeckhaus.de

Allerdings sind die Öffnungszeiten weniger geworden, deshalb vorher einfach mal informieren.

Alternativ könnt ihr aber auch zur Mitterkaser Alm ausweichen   www.mitterkaser.de

Wimbachklamm

Zwischen dem Watzmann und dem Hochkalter in Ramsau liegt eine enge Schlucht, die Wimbachklamm.

Parkplatz

Wimbachweg 1
83486 Ramsau

Für den Eintritt muss man vorher Bons kaufen, diese erhält man kurz vor dem Eingang der Klamm.

Die Öffnungszeiten sind ab Ende Mai täglich von 7.00 -19.00 Uhr

Am besten schaut ihr vorher hier kurz rein

www.berchtesgaden.de/wimbachklamm

Das Wasser in der Klamm fließt mit lautem Getöse in die Tiefen der Felsenschlucht.

An steilen Felsen ermöglichen extra angelegte Brücken und Stege den Durchgang durch die Klamm.

Die Klamm selber ist nur 200m lang, aber ein richtiges Naturschauspiel.

Hier wird einem die Macht des Wassers nochmal so richtig bewusst.

Die Wimbachklamm liegt auf einer Höhe von 937m

Der Weg selber durch die Klamm ist ein
kurzer Spaziergang.

Dieser führt allerdings über Brücken und
Stege, ist daher nicht für den Kinderwagen
geeignet.

Wanderung zum Wimbachschloss

Wenn man durch die Klamm durchgegangen ist, hat man die Möglichkeit über die Wimbachbrücke den Rückweg einzuschlagen, oder man erweitert die Tour, in dem man zum Wimbachschloss, dem ehemaligen Jagdschloss von Prinzregent Luitpold wandert.

www.wimbachschloss-ramsau.de

Der Weg dorthin sind ca. 1 ½ Std. und es sind ca. 4,3km
Das Wimbachschloss ist bewirtet von Mai bis November.

Der Weg dorthin führt entlang des Wimbachs.

Dorthin ist es gut ausgebaut, wäre auch für den Kinderwagen geeignet, dann müsste man sich nur die Klamm sparen 😄 und außen herum über die Wimbachbrücke gehen.

In diesem Abschnitt des Tals fließt die Wimbach schon größtenteils unterhalb des Schotterfeldes, das sich bis zur Wimbachgriesshütte immer weiter verbreitert.

Diese riesigen Schuttströme werden im oberen Teil des Tales Wimbachgries genannt und sind wirklich sehenswert.

Ausflug nach Salzburg

Wenn man schon in der Nähe von Salzburg ist, von Berchtesgaden nur ca. 30 Autominuten entfernt, sollte man sich den Besuch der Stadt Salzburg nicht entgehen lassen.

Auch Parkplätze sind dort immer gut zu finden und es ist gut ausgeschildert.

Die Altstadt ist wunderschön und lädt zum Verweilen ein.

Dort kann man sich auf die Spuren von Mozart machen und natürlich findet man dort auch an jeder Ecke die Mozartkugeln.

Im Sommer gibt es auch immer viele Festspiele in Salzburg, da lohnt sich vorher ein Blick in den Veranstaltungskalender von Salzburg.

www.salzburgerland.com

Festung Hohensalzburg

Die Festung Hohensalzburg thront hoch oben auf dem Festungsberg über den Dächern der barocken Altstadt. Die größte vollständig erhaltene Burg Mitteleuropas ist das Wahrzeichen Salzburgs und lockt mit einem 360-Grad-Blick auf die Stadt und ihre Umgebung

Wenn man mit dem Kinderwagen unterwegs ist, würde ich definitiv die Fahrt mit der Festungsbahn vorziehen.

Kinder zahlen auch erst ab 6 Jahren, davor sind diese kostenlos.

Danach kann man noch gemütlich durch die kleinen Gassen schlendern und sich in den vielen Cafés etwas besonders leckeres gönnen. Ein Muss sind natürlich Salzburger Mozartkugeln aus feinem Marzipan mit Pistazien umhüllt von Nougat und dunkler Schokolade. Oder wie wäre es mit traditionellen Salzburger Nockerln? Die Süßspeise ist nach den Salzburger Hausbergen benannt und besteht aus Ei, Zucker, Butter und Mehl. Bestreut mit Puderzucker werden die kunstvollen Hauben noch warm aus dem Ofen serviert. Einfach himmlisch!

Was viele nicht wissen? Die prunkvollen Bauten der Salzburger Altstadt sind UNSECO-Weltkulturerbe. Zwischen den denkmalgeschützten Häusern schlängeln sich historische Gässchen mit mittelalterlichem Charme. Eines der bekanntesten Gassen ist die Getreidegasse.

Und damit die Kinder auch nicht zu kurz kommen, hier auch noch ein paar schöne Ausflugtipps für Salzburg.

Haus der Natur

Ein Besuch im Haus der Natur lohnt sich auf jeden Fall, dort kann man sogar einen ganzen Tag einplanen, ein toller Ausflug, falls das Wetter mal nicht so mitspielt, oder der Muskelkater einen zu sehr plagt

Auf mehr als 7 000 m² gibt es viel zu entdecken.

Von faszinierenden Unterwasserwelten im Aquarium zu außerirdischen Erlebnissen in der Weltraumhalle.

Von riesigen Sauriern aus längst vergangenen
Tagen zu einer Reise in den menschlichen Körper.

Dazu gibt es die Möglichkeit zu forschen und zu
experimentieren.

Sei es in Form von Physik und Technik, über
Akustik und Musik, Körper und Fitness, aber auch
Energie und Heben, dort lernt man ganz nach dem
Vorbild:

*„Sag es mir, und ich werde es vergessen. Zeige es
mir, und ich werde es vielleicht behalten. Lass es
mich selber tun, und ich werde es auch verstehen."*

Es gibt immer eine Dauerausstellung über derzeit
Eiszeit und Klima, Universum, Urzeit und Saurier,
Reise in den menschlichen Körper, Tierwelt der
Erde, Wert der Meere und Seen, Lebensader
Salzach, Die Erde im Wandel der Zeit,
Kristallschätze, Lebensräume, usw.

Dazu gibt es aber auch immer noch zusätzliche
Sonderausstellungen.

Die Preise sind wirklich sehr günstig, für das was
einem dort alles geboten wird. Es werden auch
Familienkarten angeboten.

Das Museum ist das ganze Jahr, außer am 25.12 geöffnet. Jeweils täglich von 9.00 bis 17 Uhr.

Hier die Adresse

Museumsplatz 5

5020 Salzburg, Österreich

Telefon Nr. +43 662 84 26 53-0

www.hausdernatur.at

Spielzeugmuseum

Das Motto des Spielzeugmuseums ist es die Welt des Spielzeuges mit allen Sinnen zu erleben.

Auf 800 m² findet man dort die größte österreichische Spielzeug-Sammlung.

Egal ob Puppenhäuser, Blechspielzeug, Plüschtiere oder Holzspielzeug. Da ist für jeden etwas dabei.

Hier sind auch schon die Kleinsten unter uns gut aufgehoben, denn Babys sind im Spielzeugmuseum immer gern gesehene Gäste. Das Museum hat extra einen Kinderwagen Parkplatz, einen separaten Wickelraum und einen beheizten Teppich, wo schon die Kleinen auf allen vieren die Welt erkunden dürfen.

Im Babyzimmer sind hochwertige Spielmaterialien vorhanden, die alle dort ausprobiert werden dürfen. Eltern können sich dort auch auf Sesseln ausruhen oder auch die Babys stillen.

Dieser Bereich ist auch extra mit einen Babygitter gesichert, damit dort keiner unbemerkt sich auf die Socken macht.

Spielen steht dort wirklich im Mittelpunkt. Egal ob Murmeln die Kugelbahn runter sausen lassen, oder auf der Carrera Rennbahn die Autos rasen lassen, oder einfach mit Puppen und Teddys spielen. Hier wird jeder fündig.

Das Highlight ist aber auf jeden Fall die Rutsche vom zweiten in den ersten Stock

Mittwochs gibt es dort immer auch ein Kasperle Theater, dieses muss aber zusätzlich gebucht werden.

Die Öffnungszeiten sind

Dienstag bis Sonntag von 9.00 – 17.00 Uhr

Spielzeug Museum

Bürgerspitalgasse 2

5020 Salzburg

Telefon +43 662 62 08 08-777

www.spielzeugmuseum.at

Salzburger Zoo

Für Kinder gibt es ja nichts Schöneres wie ein Besuch im Zoo, warum dann auch nicht im Urlaub.

Der Salzburger Zoo bietet wirklich eine Möglichkeit einen tollen Tag mit der Familie zu verbringen.

Der erste Vorteil ist schon, dass man sich dort für nur 1€ einen Bollerwagen ausleihen kann, somit können sich müde Kinderbeine ausruhen und der Proviant findet auch Platz und muss nicht die ganze Zeit getragen werden.

Sehr schön ist auch der Steichelzoo, dort können eine Vielzahl von Haustieren erlebt werden, z.B. Minischweine, Schafe, Kaninchen oder auch Hühner sind dort hautnah zu erleben. Aber auch Apakas und Zwergziegen.

Ein weiterer Pluspunkt sind die Brunnen, die zum Händewaschen angelegt wurden, damit man nach dem ausgiebigen streicheln und füttern sich auch die Hände waschen kann.

Futter für den Steichelzoo kann an den Kassen erworben werden, bei der begehbaren Vogelvoliere steht auch ein Automat, wo Futter gekauft werden kann, also genügend Kleingeld dabei haben ;-)

Im ganzen Zoo gibt es genügend Möglichkeiten für Spiel und Bewegung, aber für alle Kinder sind ja doch immer die Spielplätze das Highlight.

Auch da kommt man bei dem Zoo voll auf seine Kosten, sei es bei der Rutsche am Steichelzoo oder auch der Kletter Spielplatz mit Sandkiste und die Forscherstation sind immer sehr beliebt.

Im Park gibt es auch die Möglichkeit im Restaurant zu essen, dieses bietet spezielle Kindermenüs an, Hochstühle sind natürlich auch vorhanden.

Zusätzlich gibt es zwei Kioske, für den kleinen Hunger oder man bringt sich einfach selber etwas zum Essen mit, auf dem Gelände gibt es genügend Möglichkeiten Pausen einzulegen entweder auf den Parkbänken oder auch auf den Picknick Plätzen. Daher Picknickdecke nicht vergessen ;-)

Auch sollte man erwähnen, dass in allen WCs Wickelmöglichkeiten vorhanden sind.

Der Zoo hat einen ganz besonderen Salzburger Charme, die Tiere werden dort so artgerecht und frei wie möglich gehalten.

Er bietet eine große Artenvielfalt von über 150 Tieren an, von A wie Alpaka bis Z wie Zwergtaggecko ist alles dabei.

Die Preise für den Zoo sind sehr günstig, im Vergleich zu vielen anderen,

er bietet auch eine Familienkarte an, wo sich einiges sparen lässt.

Bei Vorlage der Gästekarte von Berchtesgaden-Königsee gibt es zusätzlich noch 10% auf den Erwachsenen Eintrittspreis, Kinder unter 4 Jahren sind frei.

Also auch hier, Gästekarte nicht vergessen!

Der Zoo ist 365 Tage im Jahr geöffnet

In den Sommermonaten von 9.00 – 18.00 Uhr

In den Wintermonaten von 9.00 – 16.30 Uhr

Einfach auf der Homepage die genauen Zeiten
schauen

www.salzburg-zoo.at

Schlusswort

Nun habe ich euch einige, wirklich tolle Ausflugsziele, rund um Berchtesgarden aufgeschrieben, die wir alle erprobt haben und für gut empfunden haben.

Ich denke, da ist für jeden etwas dabei. Natürlich gibt es auch noch deutlich mehr zu entdecken, und ihr habt bestimmt auch eigene Vorstellungen, wie euer Urlaub ablaufen soll und was ihr ausprobieren möchtet und was nicht.

Am Wichtigsten ist es doch gemeinsame Zeit mit der Familie zu verbringen und einen erholsamen, entspannten Urlaub zu erleben.

Hier gibt es noch ein paar zusätzliche Ausflugsziele, die auch einen Besuch wert sind, die ich aber nicht alle ausführlich beschreiben werde, da dort die Homepage wirklich gut aufgebaut ist, und ihr euch somit ein gutes Bild machen könnt

www.maerchenpark.de

www.freizeitpark.by

www.salzbergwerk.de

www.rupertustherme.de/familie

www.kehlsteinhaus.de

Ich wünsche euch viel Spaß beim Entdecken des wunderschönen Berchtesgadener Land.

Garantiert werdet ihr eine wundervolle Zeit erleben, die ihr und euren Kindern immer in Erinnerung bleiben wird.

Und wenn ich euch mit meinem kleinen Ratgeber damit den Urlaub noch ein wenig versüßt habe, und dadurch die Vorfreude auf euren Urlaub gestiegen ist, dann freut mich das umso mehr.

Ich wünsche euch einen erholsamen Urlaub und bestellt liebe Grüße in Berchtesgaden von mir.

Quellenverzeichnis

- www.maerchenpark.de
- www.freizeitpark.by
- www.salzbergwerk.de
- www.rupertustherme.de
- www.salzburger-zoo.at
- www.spielzeugmuseum.at
- www.hausdernatur.at
- www.littletravelsociety.de
- www.salzburg-fibel.at
- www.wimbachschloss-ramsau.de
- www.mitterkaser.de
- www.hugobeckhaus.de
- www.jennerbahn.de
- www.hochlenzer.de
- www.ramsau-zauberwald.de
- www.berchtesgaden.de
- www.zipfhausl.de
- www.hochschwarzeck.info.de
- www.watzmann-therme.de
- www.bischofswiesen.de
- www.seeschifffahrt.de
- www.adac.de
- www.koenigssee.de/gaestekarte-kurtaxe
- www.berchtesgaden-hotels-ferienwohnungen.com
- www.holidaycheck.de
  www.littletravelsociety.de